ANDRÉ AUGUSTUS DIASZ

ILUSTRAÇÕES
HUGO CANUTO

1ª edição – Campinas, 2024

"Eu sou trezentos, sou trezentos-e-cincoenta, mas
um dia afinal eu toparei comigo..."
(Mário de Andrade)

Convido você a conhecer um outro Mário, não apenas o criador de Macunaíma, o famoso herói da nossa gente.

Convido você a reconhecer uma pessoa como a gente, com virtudes e defeitos, que escreveu sobre amar todas as pessoas, sobre seus afetos e mistérios.

Convido você a se encantar com um pouquinho da história de uma pessoa tão importante, que celebrou a sua cidade e o nosso país.

Por fim, convido você a descobrir a "boniteza" da negritude de Mário, sua magia que não acaba mais, sua ginga não contada!

Era início do século XX. São Paulo começava a se tornar uma metrópole industrial. A cidade vivia uma transformação intensa, com grandes edificações, novos bairros, aumento da população, chegada de imigrantes, além de inúmeras construções de parques, praças e avenidas. Rapidamente ia se expandindo e se modernizando.

Mário de Andrade nasceu na rua Aurora, no centro da cidade de São Paulo, em 1893. Neto de avós negras, tanto por parte de pai quanto de mãe, cresceu numa família tradicional e bastante religiosa.

Mário teve três irmãos: Carlos, Renato e a caçula, Maria de Lourdes. Em 1913, Renato morreu inesperadamente, o que causou um grande trauma em toda a família.

Desde cedo, Mário teve acesso a livros e a uma boa educação. Em 1904, escreveu seu primeiro poema. Com 16 anos, decidiu se dedicar à música. Prodígio, estudou piano e canto no Conservatório Dramático e Musical de São Paulo, onde se tornou professor.

Em 1917, com o apelido de Mário Sobral, publicou o seu primeiro livro: *Há uma gota de sangue em cada poema*.

Em 1922 participou da Semana de Arte Moderna, um evento artístico-cultural histórico que aconteceu no Theatro Municipal de São Paulo. Músicas, poesias, pinturas, esculturas, danças, entre outras manifestações, foram apresentadas com o objetivo de valorizar a arte e a cultura brasileiras. Nas escadarias do teatro, Mário leu trechos do livro *A escrava que não é Isaura*.

Durante os anos de 1930, depois de um curto mas inovador período como diretor de cultura da prefeitura de São Paulo, Mário se mudou para o Rio de Janeiro, então capital do Brasil, onde deu aulas como professor de Filosofia e História da Arte na Universidade do Distrito Federal.

Mário escrevia para os principais jornais e revistas da época e foi um grande pesquisador da cultura e da arte brasileiras.

Curioso e talentoso, com uma percepção única da realidade, foi poeta, romancista, contista, cronista, crítico de arte, musicólogo, folclorista, fotógrafo, professor, colecionador de arte, epistológrafo, jornalista, bibliófilo e muito mais.

Como colecionador de arte e musicólogo, Mário tinha em sua casa gravuras, partituras, esculturas, pinturas, objetos sacros e folclóricos, instrumentos musicais, adornos, roupas de danças e obras raras.

Para os familiares, Mário era um "amalucado", e costumavam se referir a ele como "o doido do Mário". Poeta desvairado e desbocado, escrevia em "brasileiro" e defendia a "gramatiquinha da fala brasileira". Ao mesmo tempo, era um "vulcão de complicações" sem limites para viver seus desejos e vontades.

Era libertário e destemido, mas tinha dificuldades em entender e até por vezes afirmar e reconhecer as suas origens e identidades.

Com espírito de viajante, Mário realizou uma série de expedições para outros estados do Brasil. Viajou na companhia de outros artistas para as cidades históricas mineiras, como Ouro Preto e Tiradentes. Numa dessas andanças descobriu o escultor Antônio Francisco Lisboa, o Aleijadinho.

Além de pesquisar a cultura popular, especialmente do Norte e Nordeste, também se interessou por diferentes povos indígenas, comunidades negras e ribeirinhas. Visionário, registrou em anotações e fotografias a diversidade do "povo brasileiro" e as impressões sociais das regiões por onde passou. Algumas dessas memórias podem ser encontradas no livro O turista aprendiz.

Mário de Andrade sempre se correspondeu com outros artistas. Em suas cartas revelava intimidades, entrava em brigas, fazia confissões, desabafos e críticas e contava sobre coisas do dia a dia. Estima-se que o autor tenha trocado milhares de cartas com seus amigos, principalmente com o poeta pernambucano Manuel Bandeira e o escritor mineiro Carlos Drummond de Andrade.

Com um enorme legado de produção literária, destacam-se os livros *Pauliceia desvairada* (1922), *Amar, verbo intransitivo* (1927) e o famoso *Macunaíma: o herói sem nenhum caráter* (1928). A cidade de São Paulo aparece em todas essas histórias, confirmando a relação afetiva do autor com a metrópole e suas transformações.

O personagem Macunaíma marcou a literatura nacional. Divindade viva de diversas etnias indígenas, representa a mistura dos povos que formaram o Brasil: originários, europeus e negros da diáspora africana. Nessa obra, Mário valoriza e destaca o jeito de falar, as origens das pessoas e os modos de ser e agir típicos dos brasileiros.

Mário morreu de ataque do coração em sua casa aos 51 anos, antes de atingir a total consagração. Foi só a partir da publicação de sua obra *Poesias completas*, em 1955, que sua importância para a cultura brasileira começou a ser reconhecida.

Vivendo à imagem e semelhança de seus personagens, a trajetória de Mário se confundiu com a saga do próprio Macunaíma. A obstinação em entender o Brasil e sua gente foi como lutar pelo muiraquitã, o amuleto sagrado que o herói Macunaíma não mediu esforços para recuperar. No final da vida, Mário e Macunaíma, sem conseguir o que desejavam, subiram aos céus e viraram estrelas.

A OBRA

A coleção BLACK POWER apresenta biografias de personalidades negras que marcaram época e se tornaram inspiração e exemplo para as novas gerações. Os textos simples e as belas ilustrações levam os leitores a uma viagem repleta de fatos históricos e personagens que se transformaram em símbolo de resistência e superação.

As biografias são responsáveis por narrar e manter viva a história de personalidades influentes na sociedade. É por meio delas que autor e leitor vão mergulhar nos mais importantes e marcantes episódios da vida do biografado.

Esta obra conta a história de Mário de Andrade, um personagem importantíssimo na construção de uma arte brasileira inovadora. O escritor foi um dos idealizadores do evento que veio a ser um momento-chave do Modernismo no Brasil: a Semana de Arte Moderna, em 1922, na cidade de São Paulo. Sua obra abarca um olhar crítico aos processos de urbanização e industrialização paulista, a exemplo do livro *Pauliceia desvairada*, mas não se limita ao regionalismo do sudeste — Mário buscou revelar a identidade do Brasil por meio de seu maior sucesso, *Macunaíma*.

CURIOSIDADE

Os antigos egípcios tinham o costume de escrever sobre os seus líderes. Era assim que os seus principais feitos se mantinham vivos. Com o tempo, esses textos ganharam importância, e foi preciso criar um termo que pudesse nomeá-los. Foi assim que o filósofo Damásio uniu duas palavras vindas do grego: *bio*, que significa "vida", e *grafia*, que significa "escrita". Dessa maneira, surgiu o que conhecemos hoje como o gênero biografia.

Conheça algumas das principais características desse gênero:

- texto narrativo escrito em terceira pessoa;
- história contada em ordem cronológica;
- veracidade dos fatos, ou seja, não é uma história inventada;
- uso de pronomes pessoais e possessivos (ele, ela, seu, sua...);
- uso de marcadores de tempo (na adolescência, naquela época, na vida adulta...);
- verbos no pretérito, ou seja, no passado, pois os fatos narrados já aconteceram (fez, falou, escreveu...).

ANDRÉ AUGUSTUS DIASZ

HUGO CANUTO

André Augustus Diasz nasceu em São Paulo e acredita que as palavras carregam encantos mágicos e que a escrita e os livros são resultados dessa alquimia que mistura a vida, os sonhos e a imaginação. Seus livros se conectam com aquilo que há de mais simples e original em cada pessoa: a sensibilidade. Em seus textos, procura apresentar significados que deixem impressões nas mentes e nos corações dos leitores. Formado em Comunicação Social pela Unesp, tem larga experiência em curadoria e gestão de projetos culturais, além de diversos trabalhos nas áreas de literatura e biblioteca. Integrou a comissão curatorial da Bienal Internacional do Livro de São Paulo entre 2012 e 2022. Foi jurado do V Prêmio ABERST – Associação Brasileira dos Escritores de Romance Policial, Suspense e Terror. É ativista no campo dos direitos humanos.

Hugo Canuto nasceu em Salvador (BA) e atua como ilustrador, autor de histórias em quadrinhos, arquiteto e pesquisador. Em seus trabalhos, busca expressar a relação entre a cultura, a mitologia e a arte, com enfoque na África e na América Latina. De forma independente, lançou a coleção de histórias em quadrinhos *Contos dos Orixás*, que carrega as tradições, a força e a ancestralidade das divindades e dos povos provenientes dos atuais Benin e Nigéria, países da região Oeste do continente africano. A obra foi vencedora de diversos prêmios. As HQs sempre foram uma paixão. Para ele, essa arte é uma linguagem global construída a partir da união entre texto e imagem, capaz de produzir verdadeiros mitos modernos, utilizando símbolos e expandindo as possibilidades de contar histórias. Recentemente, publicou *O Rei do fogo*, uma nova saga no universo dos orixás, e ilustrou a biografia de Mário de Andrade para a Editora Mostarda.

MÁRIO DE ANDRADE

Nome:	Mário Raul de Morais Andrade
Nascimento:	9 de outubro de 1893, São Paulo (SP)
Nacionalidade:	Brasileiro
Mãe:	Maria Luísa de Almeida Leite Moraes de Andrade
Pai:	Carlos Augusto de Andrade
Formação:	Conservatório Dramático e Musical de São Paulo
Profissão:	Escritor
Falecimento:	25 de fevereiro de 1945
Obra principal:	*Macunaíma* (1928)

LINHA DO TEMPO

1893 — Nasce em 9 de outubro de 1893, na cidade de São Paulo.

1909 — Passa a se dedicar à música aos 16 anos, estudando piano e canto.

1922 — Participa da Semana de Arte Moderna. Publica *Pauliceia desvairada*.

1917 — Conclui seus estudos musicais no Conservatório Dramático e Musical de São Paulo e realiza o lançamento de seu primeiro livro, *Há uma gota de sangue em cada poema*.

1904 — Começa a se interessar pela escrita, criando seu primeiro poema.

OBRAS IMPERDÍVEIS DE MÁRIO DE ANDRADE

Pauliceia desvairada

O lançamento desse livro, em 1922, foi crucial no processo de construção da chamada literatura modernista, sendo considerado a primeira tentativa de exposição do que viria a ser a escrita vanguardista brasileira. A obra se passa em um contexto de mudanças em São Paulo, tendo como ambiente a rápida transição do rural para o urbano e seus impactos no cotidiano da sociedade. Os poemas apresentam inovações estéticas em suas composições, que brincam justamente com o cenário de mudança em uma das principais cidades do país.

Macunaíma

A história desse romance modernista procura retratar, por meio de uma série de colagens de particularidades da cultura nacional, o que define a identidade do Brasil. O protagonista Macunaíma é o representante da composição social presente no país, apresentando uma metamorfose na qual assume versões indígena, negra e branca. Tanto por suas aventuras, que envolvem todo o território brasileiro, quanto pela linguagem de Mário de Andrade, que inclusive lança mão de diversos termos indígenas durante a obra, esse "herói sem caráter" carrega em sua biografia pequenas partes das muitas versões de Brasil que podem ser encontradas por toda a sua extensão geográfica.

Amar, verbo intransitivo

Publicado em 1927, o livro é o primeiro romance de Mário de Andrade. O título é uma brincadeira com o fato de que o verbo amar é transitivo, pois quem ama é amante de algo ou alguém. No entanto, a ideia defendida durante a história se relaciona com uma perspectiva na qual o amor deve existir ainda que não se saiba exatamente a coisa ou pessoa amada. O enredo conta a história de uma família misteriosa na qual os pais contratam uma falsa professora de alemão para o filho, chamado Carlos, com o intuito de que a mulher ensine o garoto a amar.

Contos novos

Essa obra, composta de nove narrativas curtas, é uma coletânea de textos escritos por Mário de Andrade em sua fase mais experiente. A reunião desses contos em livro só ocorreu depois da morte do autor. Alternando entre contos que usam primeira e terceira pessoa, o escritor explora tanto problemáticas relacionadas ao indivíduo quanto questões que envolvem a sociedade como um todo. As histórias se passam em uma São Paulo das décadas de 1920 a 1940, tendo ainda a urbanização e o crescimento das indústrias como elementos recentes no contexto da época.

PARA VER, OUVIR E LER MAIS

Peça

Amar, verbo intransitivo (2019) – Com direção de Dagoberto Feliz e dramaturgia de Luciana Carnieli, o espetáculo reconta o romance de Mário de Andrade com foco nos desafios encontrados pelas mulheres em uma sociedade patriarcal. Para essa adaptação ao teatro, foi feita uma espécie de jogo no qual os atores alternam entre a narração da história e a interpretação cênica dos personagens ali envolvidos.

Livros

Em busca da alma brasileira: Biografia de Mário de Andrade (2019) – Considerada uma biografia de grande relevância para a compreensão de Mário de Andrade, essa obra de autoria de Jason Tércio aborda desde a adolescência de Mário até seu apogeu como autor, traçando paralelos entre a vida do biografado e momentos distintos da política brasileira.

Mário de Andrade: Eu sou trezentos: vida e obra (2015) – Escrito por Eduardo Jardim, o livro aborda a trajetória de um dos escritores mais conhecidos da literatura brasileira e um dos responsáveis pelo desenvolvimento do movimento modernista no país.

Site

https://www.ieb.usp.br/mario-de-andrade/ — Seção do *site* do Instituto de Estudos Brasileiros (IEB) dedicada a Mario de Andrade, com dados biográficos e informações atualizadas sobre o acervo dedicado ao autor.

Filme

Macunaíma (1969) – Essa adaptação cinematográfica da obra mais conhecida de Mário de Andrade teve como diretor o cineasta Joaquim Pedro de Andrade e contou com grandes atores, como foi o caso de Grande Otelo, intérprete do protagonista Macunaíma. O filme foi bastante aclamado desde seu lançamento e recebeu uma série de prêmios por tamanho êxito na transformação das peculiaridades do livro em cenas divertidas e arrojadas para o cinema da época.

Documentários

Mário de Andrade: reinventando o Brasil (2011) – Essa produção da TV Escola teve como foco a trajetória do escritor por meio de comentários de especialistas em sua literatura. O material apresenta uma ampla gama de assuntos, que se estendem desde sua formação acadêmica ao processo de criação do clássico *Macunaíma*.

Semana sem fim (2022) – Inspirado em um livro chamado *Semana sem fim: Celebrações e memória da Semana de Arte Moderna de 1922*, do autor Frederico Coelho, esse documentário procura expor os impactos do movimento modernista na arte praticada atualmente.

EDITORA MOSTARDA
WWW.EDITORAMOSTARDA.COM.BR
INSTAGRAM: @EDITORAMOSTARDA

© André Augustus Diasz, 2024

Direção:	Pedro Mezette
Edição:	Andressa Maltese
Produção:	A&A Studio de Criação
Ilustração:	Hugo Canuto
Revisão:	Beatriz Novaes
	Elisandra Pereira
	Marcelo Montoza
	Mateus Bertole
	Nilce Bechara
Diagramação:	Ione Santana
Edição de arte:	Leonardo Malavazzi

```
Dados Internacionais de Catalogação na Publicação (CIP)
       (Câmara Brasileira do Livro, SP, Brasil)

   Diasz, André Augustus
      Mário : Mário de Andrade / André Augustus Diasz ;
   ilustrações Hugo Canuto. -- 1. ed. -- Campinas, SP :
   Editora Mostarda, 2024.

      "Edição especial"
      ISBN 978-65-80942-54-1

      1. Andrade, Mário de, 1893-1945 - Biografia -
   Literatura infantojuvenil 2. Escritores brasileiros -
   Biografia - Literatura infantojuvenil I. Canuto,
   Hugo. II. Título.

23-167524                                    CDD-028.5
```

Índices para catálogo sistemático:

```
1. Brasil : Escritores : Biografia : Literatura
      infantojuvenil   028.5
2. Brasil : Escritores : Biografia : Literatura
      juvenil   028.5

   Cibele Maria Dias - Bibliotecária - CRB-8/9427
```

Nota: Os profissionais que trabalharam neste livro pesquisaram e compararam diversas fontes numa tentativa de retratar os fatos como eles aconteceram na vida real. Ainda assim, trata-se de uma versão adaptada para o público infantojuvenil que se atém aos eventos e personagens principais.